Ernst Probst

Gina Lollobrigida - Die "Lollo", der Stern der 1950-er Jahre

Ernst Probst

Gina Lollobrigida - Die "Lollo", der Stern der 1950-er Jahre

GRIN Verlag

Bibliografische Information der Deutschen Nationalbibliothek: Die Deutsche Bibliothek
verzeichnet diese Publikation in der Deutschen Nationalbibliografie; detaillierte bibliografische Daten sind im Internet über http://dnb.d-nb.de/ abrufbar.

1. Auflage 2012
Copyright © 2012 GRIN Verlag GmbH
http://www.grin.com
Druck und Bindung: Books on Demand GmbH, Norderstedt Germany
ISBN 978-3-656-20000-0

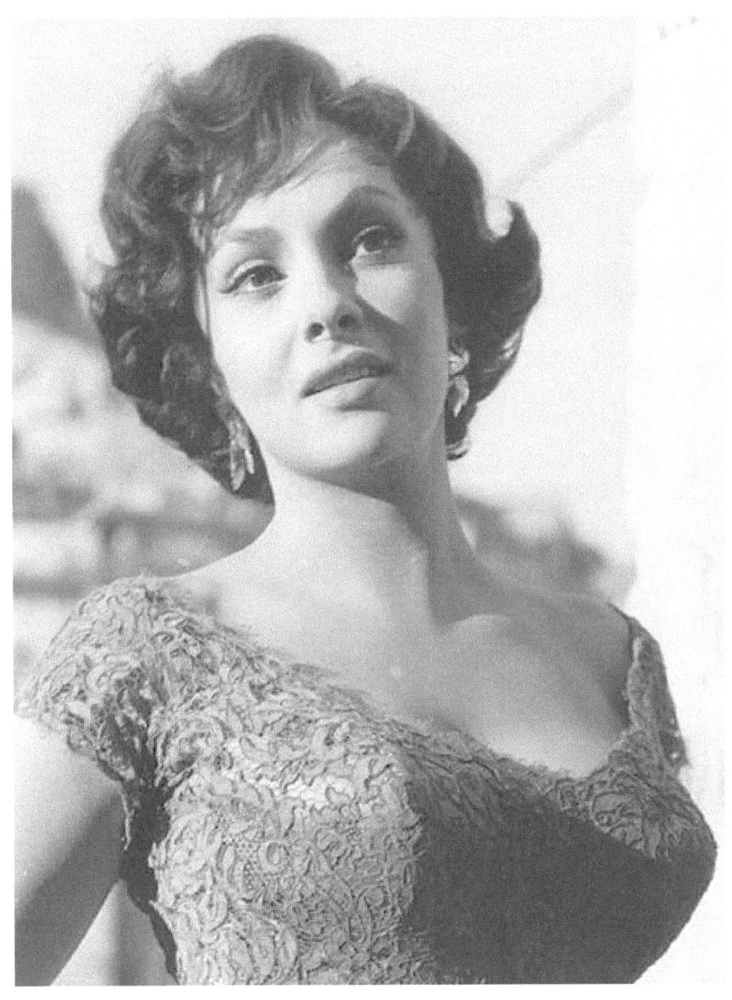

Gina Lollobrigida

Ernst Probst

Gina Lollobrigida

Die „Lollo" –
der Stern der 1950-er Jahre

Marianne Werner,
Otto Werner,
Dr. Jochen Werner,
Sonja Werner,
Steffen Werner und
Christine Werner
gewidmet

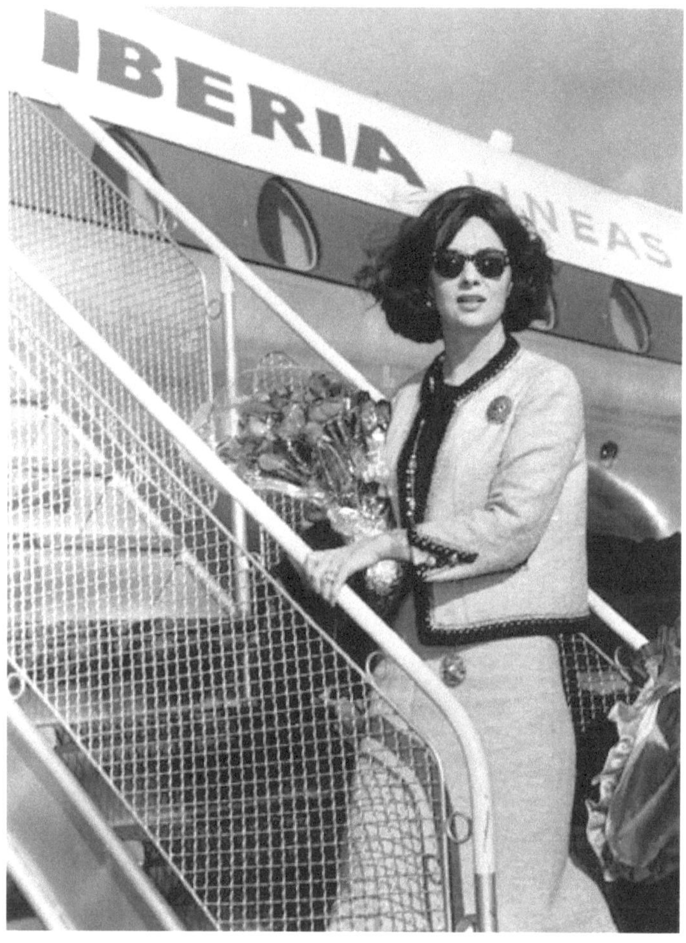

Gina Lollobrigida im Jahre 1967

Gina Lollobrigida

Die „Lollo" – der Stern der 1950-er Jahre

Italiens populärste Filmschauspielerin der 1950-er Jahre war Gina Lollobrigida, geborene Luigina Mercuri. In ihrer Glanzzeit galt die „Lollo" als „die schönste Frau der Welt". Man bezeichnete sie auch als „die Mona Lisa des 20. Jahrhunderts". Ihr Stern verblasste in den 1960-er Jahren, als ihre Landsmännin und sieben Jahre jüngere Intimfeindin Sophia Loren ihr auf der Kinoleinwand und in den Medien immer mehr die Schau stahl.

Luigina Mercuri wurde am 4. Juli 1927 als zweitältestes von vier Mädchen des Möbelfabrikanten Giovanni Mercuri und seiner Ehefrau Guiseppina im Dorf Subiaco in den Abruzzen geboren. Sie selbst bezeichnete später 1932 als ihr Geburtsjahr, vermutlich weil sie sich fünf Jahre jünger machen wollte. Ihre Schwestern heißen Giuliana, Maria und Fernanda. Bereits als Dreijährige kürte man sie zum „schönsten Kleinkind Italiens".

1935 feierte Luigina als kleiner Matrose mit einer Gruppe von Amateurschauspielern ihr Debüt auf der Theaterbühne. Außer einem schulfreien Tag hatte dieser Auftritt keine weiteren Folgen. Die Eltern ließen Luigina privat in Gesang, Tanz, Zeichnen und Sprachen unterrichten.

Die Familie Mercuri verließ 1944 Subiaco, nachdem ihr Haus und ihre kleine Fabrik bei Kriegsende zerstört worden waren, und fand zunächst in Todi und 1945 in Rom eine neue Heimat. In der italienischen Hauptstadt war der Vater arbeitslos, und die Familie lebte unter bescheidenen Verhältnissen. Damals zeichnete Luigina für ein paar Lire Karikaturen und Porträts von amerikanischen Soldaten, während ihre Schwestern Giuliana und Maria als Platzanweiserinnen in einem Kino arbeiteten.

1946 besserte sich die finanzielle Lage der Familie Mercuri, die nun in ein Apartment in der Via Montebello einzog. Dank eines Stipendiums konnte Luigina an der römischen Kunsthochschule „Liceo artistico" Bildhauerei und Malerei studieren und sich nebenbei als Opernsängerin ausbilden lassen.

Eines Tages fragte der Regisseur Stefano Canzio die attraktive Luigina auf der Straße, ob sie in einem Film mitspielen wolle, und diese willigte ein. 1946 spielte Luigina in den Streifen „Aquila Nera" („Schwarzer Adler"), „Lucia di Lammermoor" und 1947 in „L'elisir d'amore" kleine Statistenrollen. Der italienische Produzent Mario Costa (1910–1995) engagierte sie 1947 für den Film „Follie per l'opera" („Der Opernrausch"). Vom 3. Mai bis 5. Oktober 1947 sah man Luigina unter dem Pseudonym „Diana Loris" in 22 Episoden des Fotoromans „In fondo al cuore" im Magazin „Mio Sogno". Im Sommer jenes Jahres erreichte sie bei der

Wahl der „Miss Roma" den zweiten und bei der Wahl der „Miss Italia" den dritten Platz. „Miss Italia" wurde Lucia Bosé, die später mehr als 50 Filme drehte. 1948 trat die „Lollo" in dem Film „I pagliacci" („Bajazzo") unter der Regie von Mario Costa auf.

Guiseppina Mercuri riet ihrer Tochter Luigina einmal: „Kind, wenn du jemals heiratest, dann gibt es nur zwei Männer: einen Arzt oder einen Anwalt, dann bist du versorgt". Ihre Tochter beherzigte diesen gutgemeinten Ratschlag: Am 4. Januar 1949 heiratete Gina im Wintersportort Terminillo den emigrierten slowenischen Arzt Dr. Milko Skofic, der bald darauf seine Praxis schloss und seine Frau jahrelang als Manager betreute.

Der erste entscheidende künstlerische Erfolg für Gina Lollobrigida – so ihr Künstlername – stellte sich mit dem Film „Campane e martello" („Sturmglocken", 1949) ein. Danach lehnte sie ein Angebot der „J. A. Rank-Film" in Großbritannien ab. 1950 folgten die Streifen „Cuori senza frontiere" („Herzen kennen keine Grenzen" und „Miss Italia".

Der amerikanische Filmregisseur, Milliardär und Playboy Howard Hughes (1905–1976) war von Gina Lollobrigidas Streifen „Miss Italia" beeindruckt und lud sie nach Hollywood ein. Auf Anraten ihres Mannes ging die Schauspielerin nach Amerika, fühlte sich aber in der Atmosphäre von Hollywood nicht wohl. Hughes bot der „Lollo" einen Langzeitvertrag an und drängte sie

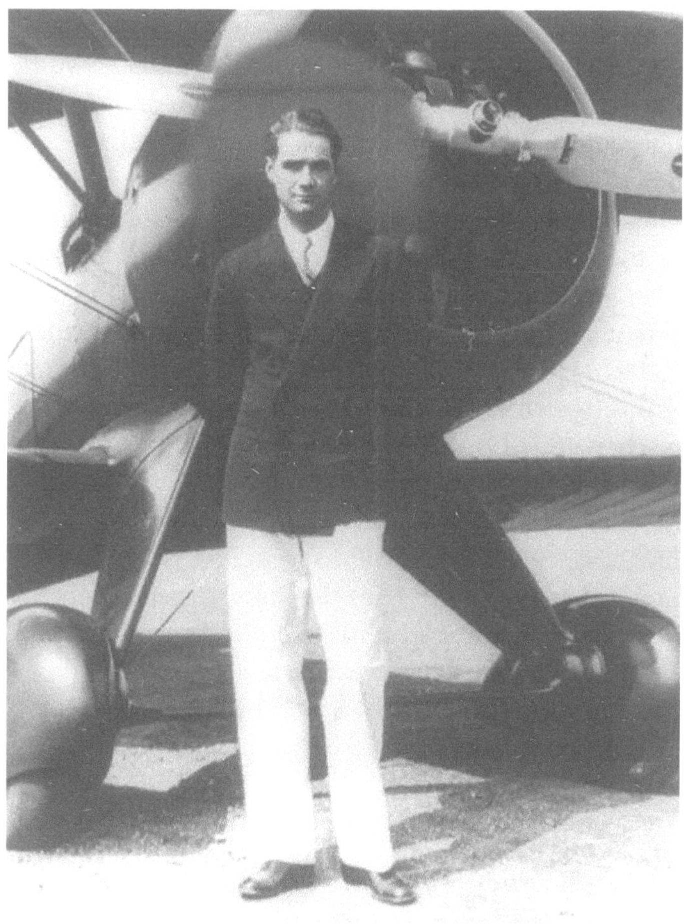

Howard Hughes (1905–1976)

zur Scheidung von ihrem Mann Milko Skofic, worauf sie verärgert nach Italien zurückkehrte.

Der Aufstieg der „Lollo" zur „Gina nazionale" und zum Weltruhm begann mit dem Film „Fanfan la Tulipe" („Fanfan der Husar", 1952) an der Seite des französischen Schauspielers Gérard Philipe (1922–1959) und mit dem Streifen „Les Belles de nuit" („Die Schönen der Nacht", 1952). Danach weigerte sie sich, in „La signora senza camelie" („Die Dame ohne Kamelie", 1953) zu spielen.

In „Beat the Devil" („Schach dem Teufel", 1953) stand Gina Lollobrigida neben Humphrey Bogart (1899–1957) vor der Kamera. Zusammen mit Erroll Flynn (1909–1959) sah man sie in „Il Maestro di Don Giovanni" („Gekreuzte Klingen", 1953). Nach „Pane, amore e gelosia" („Liebe, Brot und Phantasie", 1953) und „La Romana" („Die freudlose Straße", 1954) galt sie als bestbezahlte Schauspielerin in Europa. Ganz genau auf „Lollo" passte der Filmtitel „La Donna più bella del mondo" („Die schönste Frau der Welt", 1955). Darin sang sie eine Arie aus der Oper „Tosca", wovon sogar Maria Callas (1923–1977), eine der besten Opernsängerinnen im italienischen Fach, begeistert war. Wegen ihrer dunklen Augen, ihres sinnlichen Mundes und ihrer aufregenden Figur war die „Lollo" damals ein Schönheitsideal und der Prototyp einer „Sexbombe".

Als schöne Zigeunerin Esmeralda sah man Gina Lollobrigida neben Anthony Quinn (1915–2001) in dem

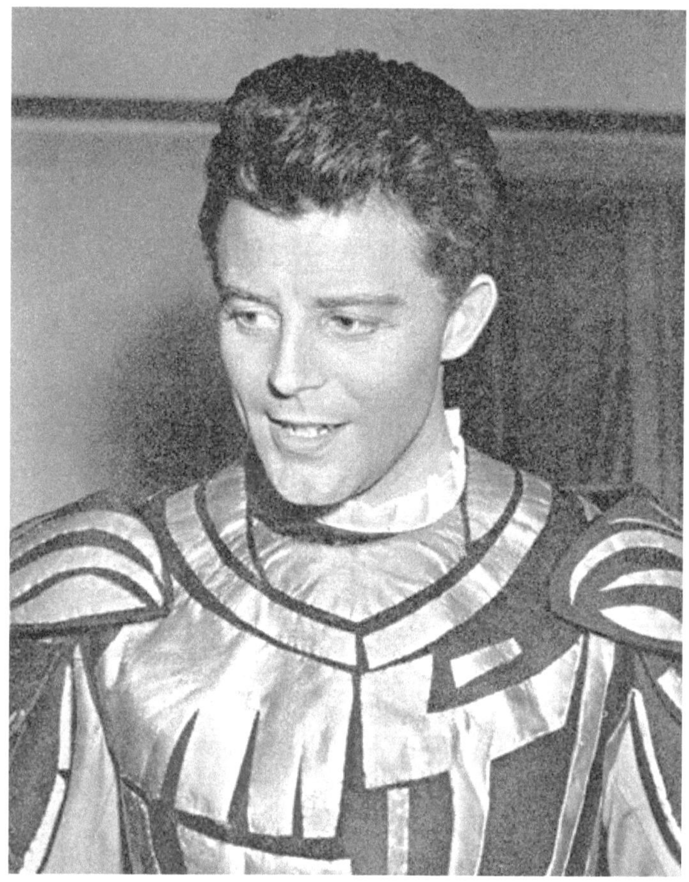

Gérard Philipe (1922–1959)

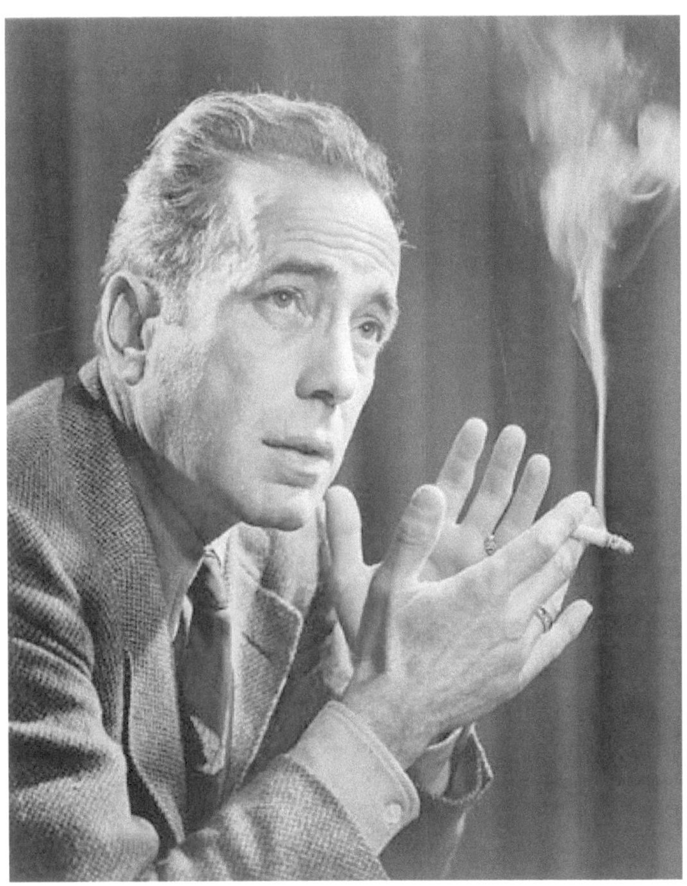

Humphrey Bogart (1899–1957)

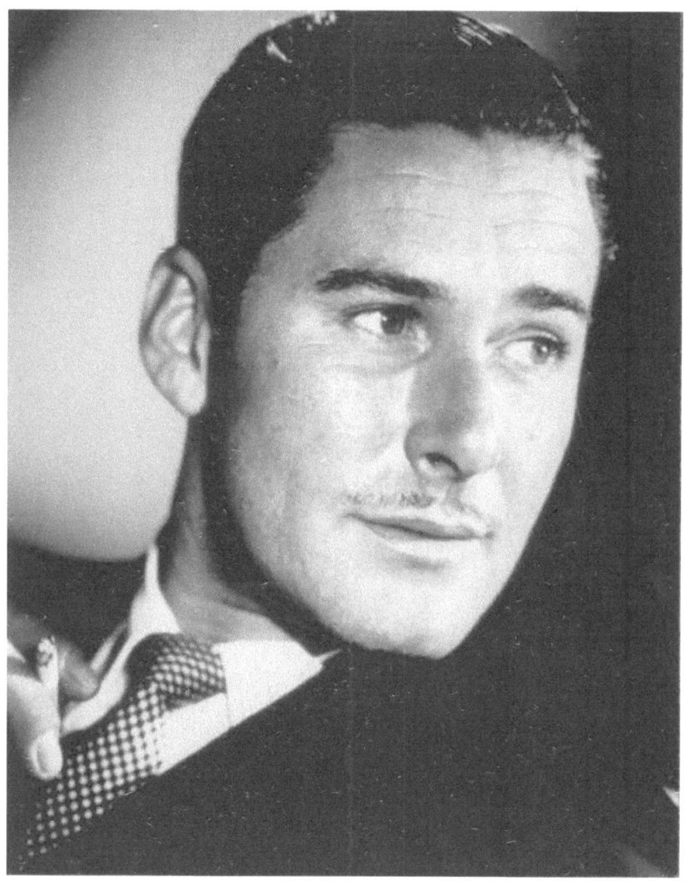

Erroll Flynn (1909–1959)

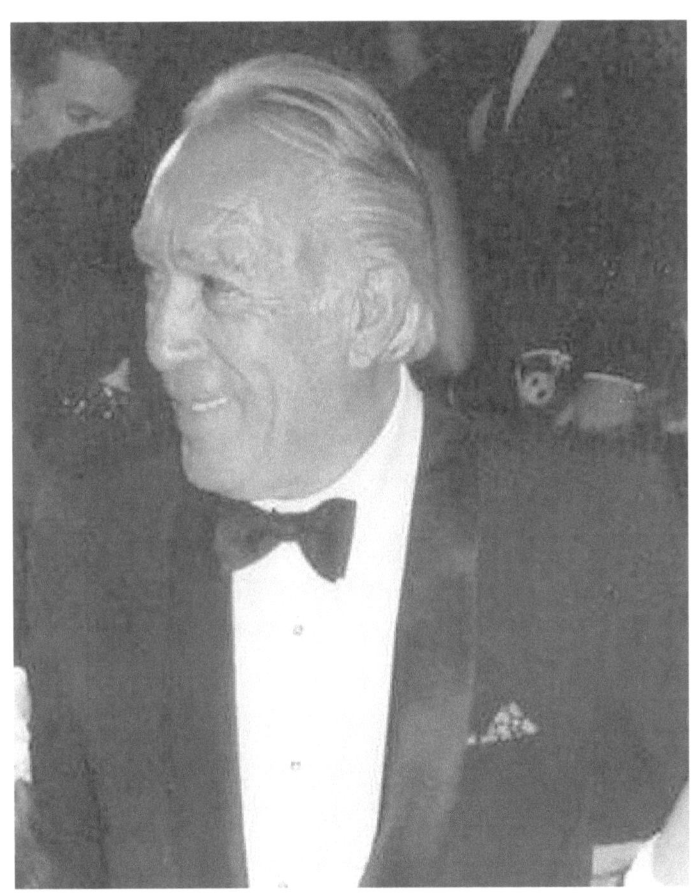

Anthony Quinn (1915–2001)

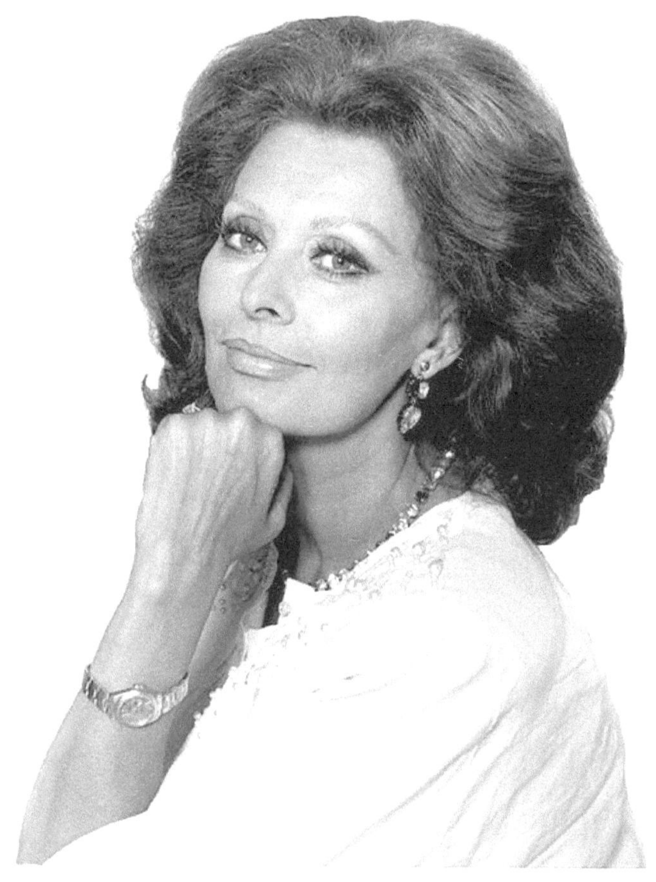

Sophia Loren

Film „Notre Dame de Paris" („Der Glöckner von Notre Dame", 1956). Über Quinn schwärmte sie: „Er war so fröhlich und professionell und vor allem war er so männlich". Im Monumentalfilm „Solomon and Sheba" („Salomon und die Königin von Saba", 1959) mimte sie neben Yul Brunner (1920–1985) als König Salomon die legendäre Königin von Saba.

Mitte der 1950-er Jahre empfing man Gina Lollobrigida bereits am britischen Königshof in London und im „Weißen Haus" in Washington. Ab dieser Zeit stand sie auch für amerikanische und britische Filme vor der Kamera.

Zwischen 1947 und 1990 war Gina Lollobrigida in mehr als 60 Kinofilmen zu sehen. In Hollywood zahlte man ihr angeblich allein für Zigaretten täglich 500 US-Dollar. Mit ihrem Auftritt in „Monsignor Cupido" („Die Puppen", 1965) erregte die „Lollo" den Unwillen des Vatikan. Der Grund: Sie spielte mit nacktem Bauchnabel eine Frau, die einen Priesterschüler verführte. Damals begeisterte sie immer noch das Publikum, geriet aber zunehmend in den Schatten von Sophia Loren.

Im Blätterwald der Boulevardpresse sorgte der schlagzeilenträchtige „Krieg der Busen" zwischen Gina Lollobrigida (1,64 Meter groß) und Sophia Loren (1,74 Meter groß) zeitweise für starkes Rauschen. Was den Brustumfang der beiden Busen-Konkurrentinnen betraf, lag die sieben Jahre jüngere Sophia mit einem hauchdünnen Vorsprung an Zentimetern vor Gina.

Das Duell der beiden Diven soll am 25. Oktober 1954
bei der Eröffnung des „Italian Film Festival" in London
begonnen haben. Damals wurden zwölf italienische
Filmstars - darunter Gina Lollobrigida und Sophia Loren
- der Königin Elizabeth II. im Foyer des „Tivoli
Theatre" präsentiert. Gina erschien in einer dezenten
weißseidenen Emilio-Schubert-Robe. Sophia kam mit
einem Diadem, was eigentlich nur der Königin
vorbehalten war, einer perlenübersäten Krinoline und
mit einem schwindelerregenden Dekolleté. Als die
Loren einen tiefen Hofknicks machte, wobei noch mehr
von ihrem Prachtbusen zu sehen war, blickte Prinz Philip
starr geradeaus. Zum erstenmal hatte die Loren der
großen Lollobrigida die Show gestohlen.
Nach der Rückkehr aus London jubelte Sophia Loren
in Italien, sie habe mehr Beifall als Gina Lollobridiga
bekommen. Sie habe London in 24 Stunden erobert
und die Londoner Zeitungen hätten ihre Fotos in
größerer Aufmachung gedruckt als die der Königin. In
der Folgezeit kam es fast jede Woche zu Angriffen und
Gegenangriffen der beiden Filmdiven. Jede versuchte
die Gegenseite auf dem Schlachtfeld der Publicity zu
übertreffen. Sei es bei Einladungen zu bedeutenden
Veranstaltungen, Foto- oder Malerterminen, bei
Wohltätigkeitsveranstaltungen oder bei Filmrollen. Bei
ihrem Wettstreit wurden die „Lollo" und die Loren von
den so genannten „Lollobrigadisten" und den „Lore-
nisten" unterstützt.

Wenngleich die „Lollo" und die Loren manches trennte, in puncto Ernährung hatten sie gewisse Gemeinsamkeiten. Beide hielten sich mit einer strengen Diät fit. Gina aß kein Fleisch, sondern nur Huhn und Salat, trank keinen Alkohol und rauchte nicht. Sophia trank literweise Mineralwasser und schwor auf viel Schlaf.

1966 trennte sich Gina Lollobrigida von ihrem Ehemann Milko Skofic, dem sie im August 1957 den Sohn Milko junior geboren hatte. Die offizielle Scheidung erfolgte erst 1971. Über ihren Ex-Gatten sagte Gina offenherzig: „Ich kann mich an keine einzige Nacht mehr erinnern".

1969 war Gina kurze Zeit mit dem New Yorker Immobilien-Erben George Kaufmann verlobt. In den 1960-er Jahren hatte sie eine Affäre mit dem südafrikanischen Herzchirurgen Christiaan Barnard (1922 –2001). Ein Team unter seiner Leitung hat am 3. Dezember 1967 die weltweit erste Herztransplantation am Groote Schuur Hospital in Kapstadt durchgeführt.

Anfang der 1970-er Jahre begann Gina Lollobrigida als Fotografin zu arbeiten. Von ihr ließen sich im Laufe der Zeit Fidel Castro, Tito (1892–1980), Henry Kissinger, Paul Newman, Robert Redford, Indira Gandhi (1917–1984), Christiaan Barnard, Ronald Reagan (1911–2004), Salvador Dalí (1904–1989) und die deutsche Fußballnationalelf ablichten. Außerdem publizierte sie Bildbände über Italien („Italia mia", 1973) und die Philippinen („Le Filippine"), drehte einen Fernsehfilm über Fidel

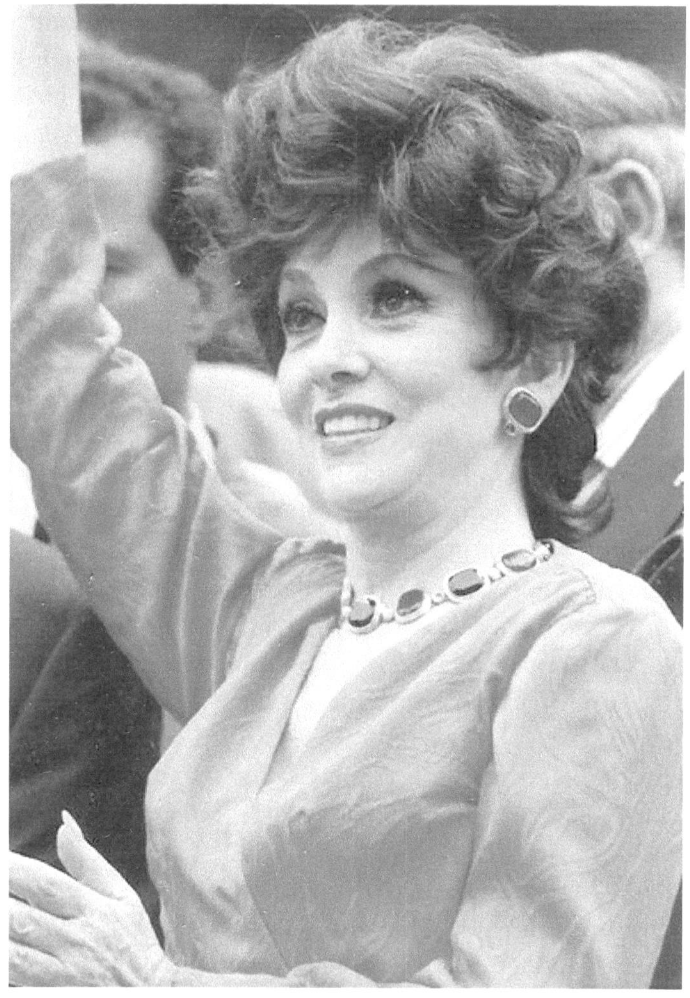

Gina Lollobrigida im Jahre 1981

Castro, der 1974 gesendet wurde, und war als Modefotografin für die Zeitschrift „Vogue" tätig.

Ein Wiedersehen mit Gina Lollobrigida auf der Kinoleinwand gab es in „Him, Her, Male and Female" (1984) und „The Bocce Showdown" (1990). Bald darauf beklagte sie sich darüber, es gäbe für sie keine interessanten Rollen mehr.

Gina Lollobrigida erhielt viermal den „Bambi" des Burda-Verlages als beliebteste ausländische Filmschauspielerin und zahlreiche ausländische Auszeichnungen. 1961 verlieh man ihr den „Golden Globe", und 1985 nahm sie aus der Hand des französischen Kulturministers Jack Lang das „Offizierskreuz für Kunst und Wissenschaft" entgegen.

Auf der „Berlinale" sorgte Gina Lollobrigida 1986 für Aufsehen. Als Jurypräsidentin distanzierte sie sich öffentlich von dem deutschen Festivalbeitrag „Stammheim", der mit dem „Goldenen Bär" ausgezeichnet wurde.

1990 lernte Gina Lollobrigida bei Giacomo Manzù die Bildhauerei. Bald schuf bald eigene Kunstwerke wie die riesige Plastik „Fliegende Putte", die 1992 bei der Weltausstellung in Sevilla im italienischen Pavillon gezeigt wurde und negative Schlagzeilen machte. Politiker meinten, diese Plastik habe auf einer renommierten Schau nichts zu suchen. 1994 erschien ihr Bildband „Wonder of Innocence".

Der Sohn Milko Skofic junior hat 1994 seine Mutter Gina Lollobrigida mit seinem Sohn Dimitri Milko zur

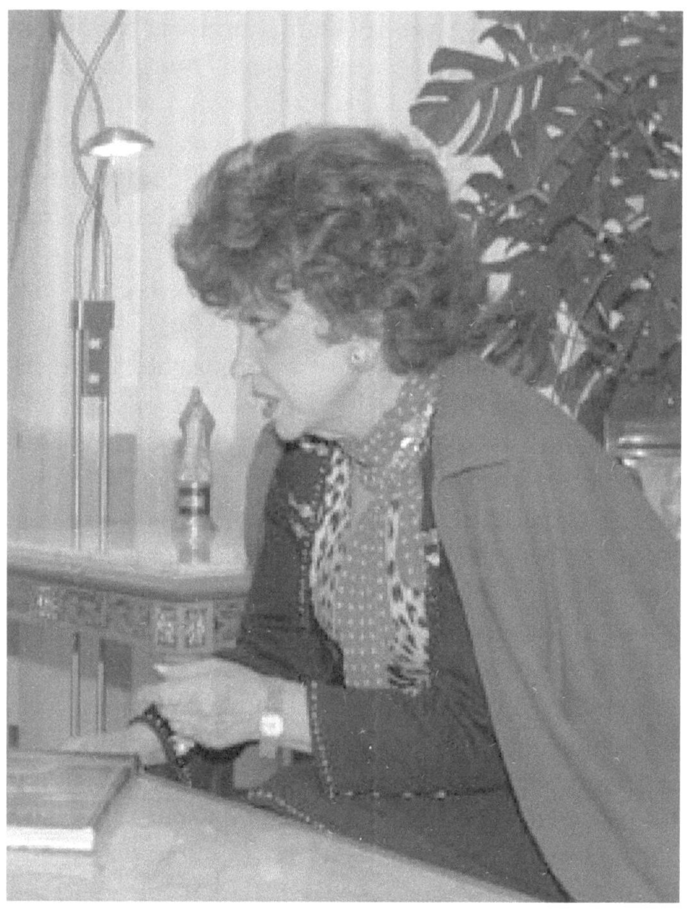

Gina Lollobrigida

Großmutter gemacht, was ihr nicht behagte. Wenn man sie als „Oma" anspricht, reagiert sie sehr unwirsch. Diese Erfahrung machte ihre Schauspielerinkollegin Francesca Dellera, als sie Gina bei Dreharbeiten mit den Worten „Ciao Oma" begrüßte. Daraufhin verlor die „Lollo" die Contenance und verpasste ihr eine schallende Ohrfeige. Zur Begründung sagte sie: „Großmütter stehen mit einem Bein im Jenseits. Ich aber stehe im Diesseits". Das ist ein gutes Beispiel dafür, dass auch Prominente falsch reagieren und dummes Zeug sagen können.

Die künstlerische Laufbahn von Gina Lollobrigida erfuhr 1997 durch die Aufnahme in die 1563 gegründete Kunstakademie von Florenz ihre Krönung. Zu ihrem 70. Geburtstag wurde sie 1997 in die Enzyklopädie berühmter Italiener aufgenommen. Ihre Popularität ging ihr eher auf die Nerven: „Diejenigen, die mir gratulieren wollen, sind so zahlreich, dass ich am liebsten verschwände", sagte sie. Mit 70 verriet sie: „Die Männer gefallen mir immer noch."

Unerfreuliches erlebte Gina Lollobrigida im November 1998 in der bayerischen Landeshauptstadt München. Als sie an der Rezeption eines Hotels auf ein Taxi wartete, das sie zum Flughafen bringen sollte, stahl man ihre Tasche, die wertvollen Juwelenschmuck enthielt.

Im Mai 1999 wurde bekannt, Gina Lollobrigida wolle für das EU-Parlament kandidieren. Mit der neu gegründeten Partei „Die Demokraten" mit Romano

Prodi an der Spitze wollte sie sich verstärkt für die soziale Gerechtigkeit der Frauen und Kinder in Europa einsetzen. Doch sie bekam zu wenig Wählerstimmen. Sogar in ihrem Geburtsort Subiaco mit etwa 5.000 Wahlberechtigen erhielt sie lediglich 164 Stimmen.

2002 verlieh man Gina Lollobrigida anlässlich ihres 75. Geburtstages die Ehrenbürgerwürde der italienischen Stadt Jesolo. Außerdem wurden 1,5 Kilometer Lidostrand nach ihr benannt.

Im Oktober 2006 kündigte Gina Lollobrigida mit 79 in der spanischen Zeitschrift „Hola" an, sie werde den 34 Jahre jüngeren spanischen Immobilien-Unternehmer Javier Rigau y Rafols heiraten. Es hieß, sie werde mit ihm in den USA vor den Traualtar treten. Gina hatte Rafols 1984 auf einer Party in Monte Carlo kennengelernt und sich ihn verliebt. Seitdem war der Spanier ihr Begleiter. In einem Interview mit dem italienischen Fernsehsender „Canale 5" erklärte Gina: „Das ist keine überstürzt getroffene Entscheidung, wenn man 22 Jahre lang mit demselben Menschen zusammen ist, dann ist das eine feste Sache". Als sie wegen des großen Altersunterschiedes angesprochen wurde, meinte sie, dass beide diesen überhaupt nicht spüren würden. Zwei Monate später wurde im Dezember 2006 die für den 27. Januar 2007 geplante Hochzeit wieder abgesagt. Der Bräutigam Rifols soll dem Druck der Medien nicht mehr standgehalten haben, hieß es in einer Mitteilung seines Anwalts. Journalisten spotteten, vielleicht sei der 45-

jährige Rafols der „Lollo" zu alt gewesen. Denn sie hatte einmal erklärt: „In mein Bett kommt kein Kerl über 40". Auch von Treue hielt sie gar nichts. Wirkliche Treue existiere nicht, meinte sie.

An ihrem 80. Geburtstag feierte und ehrte man Gina Lollobridiga 2007 erneut weltweit. Unter anderem wurde sie Ehrenbürgerin des Städtchens Pietrasanta in der Toscana. Dorthin kam sie seit vielen Jahren immer wieder in ihr Atelier, um sich der Bildhauerei zu widmen. Zum Ausruhen hatte die vielbeschäftigte Künstlerin damals noch keine Zeit. Schlafen soll für sie fast ein Unwort sein. „Am besten sehe ich aus, wenn ich nur zwei oder drei Stunden geschlafen habe", glaubte sie. Vom gegenwärtigen Kino hält Gina Lollobrigida nicht viel. Sie erkärte: „Heute brauchen die Regisseure reichlich Blut, Special Effects und Gewalt. Ich bevorzuge es, die alten Filme im Fernsehen zu sehen als neue im Kino."

Filme von Gina Lollobrigida

(Auswahl):

1946: Schwarzer Adler (Aquila Nera / The Black Eagle)
1947: Das Verbrechen des Giovanni Episcopo (Il Delitto di Giovanni Escopo)
1947: Romanze im Süden (A Man About the House)
1947: Lucia di Lammermoor
1948: L'elisir d'amore
1948: Il segreto di Don Giovanni
1948: Bajazzo / Die Rache des Narren (I pagliacci)
1949: Alarmglocken (Campane a martello)
1949: Follie per l'opera
1949: Länger kann eine Braut nicht warten (La sposa non puó attendere)
1950: Miss Italia (My Beautiful Daughter)
1950: Zwischen Liebe und Laster (Alina)
1950: Herzen kennen keine Grenzen (Cuori senza frontiere)
1950: Hundeleben (Vita da cani)
1951: Keine Liebe, aber ... aber ... (Amor non ho ... peró ... peró)
1951: Fünf Mädchen und ein Mann (A Tale of Five Cities)
1951: Jagd ohne Gnade (La città si difende)

1951: Achtung! Banditi!
1951: Wunder einer Stimme – Enrico Caruso (Enrico Caruso: Leggenda di una Voce)
1952: Fanfan, der Husar (Fanfan la Tulipe)
1952: Frau für eine Nacht (Moglie per una notte)
1952: Andere Zeiten (Alltri tempi)
1952: Die Schönen der Nacht (Les Belles de nuit)
1953: Un giorno i pretura
1953: Untreue (Le infedeli)
1953: Gefährliche Schönheit (La provinciale)
1953: Schach dem Teufel (Beat the Devil)
1953: Liebe, Brot und Phantasie (Pane, amore e fantasia)
1954: Die letzte Etappe (Le grand jeu)
1954: Gekreuzte Klingen (Il maestro di Don Giovanni)
1954: Die freudlose Straße (La romana)
1954: Liebe, Brot und Eifersucht (Pane, amore e gelosia)
1955: Die schönste Frau der Welt (La donna più bella del mondo)
1956: Trapez (Trapeze)
1956: Der Glöckner von Notre Dame (Notre Dame de Paris)
1958: Anna von Brooklyn (Anna di Brooklyn)
1959: Wo der heiße Wind weht (La legge)
1959: Salomon und die Königin von Saba (Solomon and Sheba)

1959: Wenn das Blut kocht (Never So Few)
1961: Geh nackt in die Welt (Go Naked in the World)
1961: Happy-End im September (Come September)
1962: Die schöne Ippolita (La bellezza di Ippolita)
1962: Kaiserliche Venus (Venere imperiale)
1963: Verrückte Seefahrt (Mare matto)
1964: Die Strohpuppe (Woman of Straw)
1965: Die Puppen (Le bambole)
1965: Fremde Bettgesellen (Strange Bedfellows)
1966: Le placevoli notti
1966. Io, io, io .... e gli altri
1966: Hotel Paradiso
1966: Die italienische Geliebte / Nur eine Nacht, Chérie (Les Sultans)
1967: Cervantes, der Abenteurer des Königs (Cervantes)
1968: Die Falle (La morte ha fatto l'uovo)
1968: Wo bitte gibt's Bier an der Front? (The Private Navy of Sgt. O'Farrell)
1968: Buona Sera, Mrs. Campbell
1968: Liebe, Laster und Ganoven (Stuntman)
1969: Ein heißer November (Un bellissimo novembre)
1971: Lodynskis Flohmarkt Company (Fernsehserie), Stargast
1971: El hombre de Río Malo
1972. Bad Man's River (Matalo)
1972: König, Bube, Dame (King, Queens, Knave)

1972: Pinocchio (Le avventure di Pinocchio,
Fernseh-Miniserie)
1973: Obraz uz obraz (Fernsehserie)
1973. No encontré rosas para mi madre
1995: 101 Nacht – Die Träume des M. Cinema /
Hundert und eine Nacht (Les cent et une nuits de
Simon Cinéma)
1996: Una donna in fuga
1997: XXL

Quelle: Wikipedia und Internet Movie Database

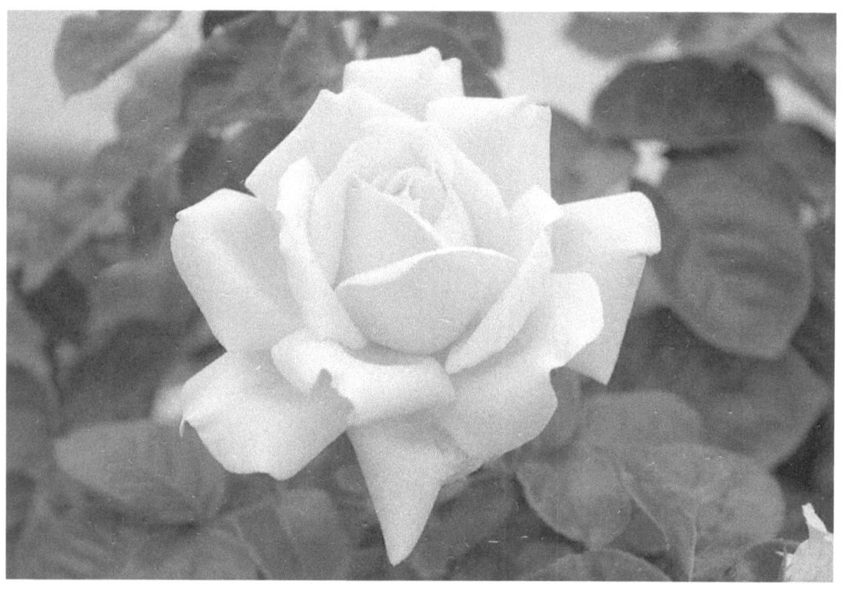

Rosensorte „Gina Lollobrigida"
in der „Roseraie de Bagatelle" in Paris

Zitate von Gina Lollobrigida

Ein echter Künstler wird nie alt.

Es ist leichter, einen Mann zu finden,
als ihn wieder loszuwerden.

Frauen, die ihr Lebensziel darin sehen,
im Schatten eines Mannes zu stehen, bedaure ich.
Männer erwarten alles von Frauen
und geben selbst ncihts von sich her.

Frauen geben Fehler leichter zu als Männer,
deshalb sieht es so aus, als machten sie mehr.

Großmütter stehen mit einem Bein im Jenseits.
Ich aber stehe im Diesseits.

Ich glaube, die Männer sind sehr neidisch
auf die Erfolge selbstständiger Frauen.
Sie ziehen es vor, eine normale Ehefrau zu haben,
die ihnen die Hemden bügelt und für sie kocht,
anstatt eine zu haben, bei der sie den Titel
„der Mann von Signora sowieso ...“ tragen müssen.

In mein Bett kommt kein Kerl über 40.

Treue? Davon halte ich gar nichts.
Wirkliche Treue existiert nicht.
Die Untreue ist uns eingebaut.

Literatur

DER SPIEGEL: Film. Sophia Loren. Das Duell der Diven, 3. August 1955, Hamburg
FEMBIO Frauen-Biographie-Forschung
http://www.fembio.org
HEINZLMEIER, Adolf / SCHULZ, Bernd / WITTE, Karsten: Die Unsterblichen des Kinos, Band 2, Glanz und Mythos der Stars der 40er und 50er Jahre, Frankfurt am Main 1980
INTERNET MOVIE DATABASE
(Film-Datenbank)
http://www.imdb.com
LOLLOBRIGIDA, Gina: Mein Italien, Berlin 1978
PROBST, Ernst: Superfrauen 7 – Film und Theater, Mainz-Kostheim 2001
PROBST, Ernst: Königinnen des Films, München 2012
PUBLIKUMSLIEBLINGE NICHT NUR VON GESTERN http://www.steffi-line.de
Internetseite von Stephanie D'heil, Düsseldorf
WIKIPEDIA (Online-Lexikon)
http://wikipedia.org

Bildquellen

Klaus Benz, Fotograf, Mainz-Laubenheim: 38
Flickr http://www.flickr.com:
Iberia Airlines (Foto von 1967): 6
Alan Light (Foto von 1988): 15
Library and Archives Canada (Foto von Yousuf Karsh
(1908-2002): 13
Library of Congress, Prints and Photographs Division,
Washington (Foto aus den 1940-er Jahren): 10
National Library of Australia (Foto um 1940): 14
Wikipedia (Online-Lexikon):
George Biard (Foto von 1991): 20
Ivo Bulanda (Foto aus den 1960-er Jahren): 1
Georges Seguin (Okki): 32
Immortal-truth (Foto von 2009):
Webseite des russischen Präsidenten
http://www.kremlin.ru: 22
Reproduktion eines Fotos eines unbekannten Fotografen
vom Oktober 1954 in Warschau: 12
Allan Warren, englischer Society-Fotograf: (Foto von
1986): 16

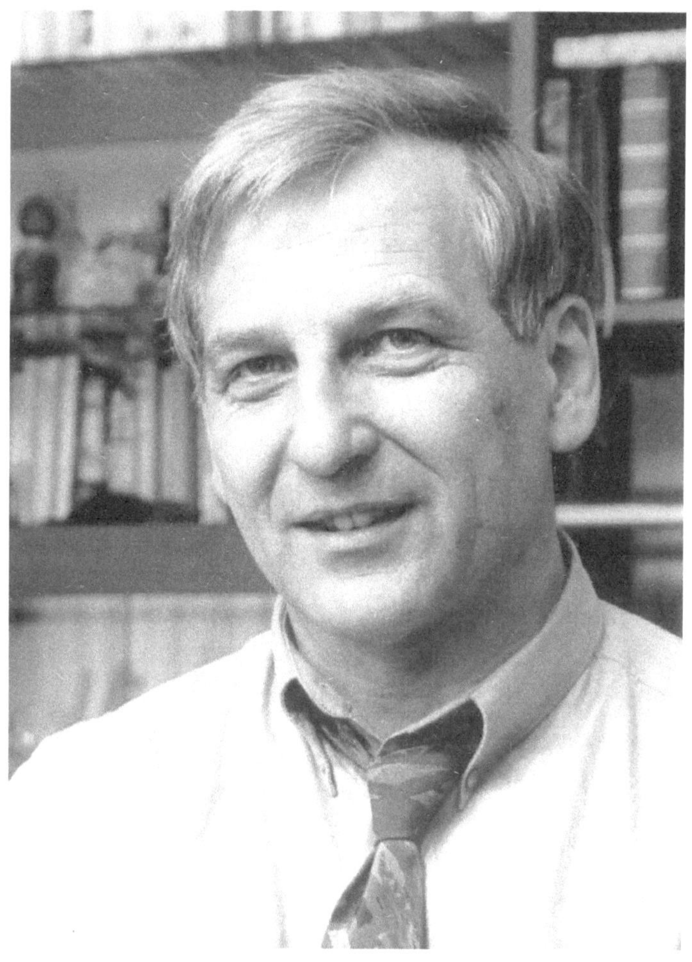

Autor Ernst Probst

Der Autor Ernst Probst

Ernst Probst, geboren am 20. Januar 1946 in Neunburg vorm Wald im bayerischen Regierungsbezirk Oberpfalz, ist Journalist und Wissenschaftsautor. Er arbeitete von 1968 bis 1971 als Redakteur bei den „Nürnberger Nachrichten", von 1971 bis 1973 in der Zentralredaktion des „Ring Nordbayerischer Tageszeitungen" in Bayreuth und von 1973 bis 2001 bei der „Allgemeinen Zeitung", Mainz. In seiner Freizeit schrieb er Artikel für die „Frankfurter Allgemeine Zeitung", „Süddeutsche Zeitung", „Die Welt", „Frankfurter Rundschau", „Neue Zürcher Zeitung", „Tages-Anzeiger", Zürich, „Salzburger Nachrichten", „Die Zeit", „Rheinischer Merkur", „Deutsches Allgemeines Sonntagsblatt", „bild der wissenschaft", „kosmos", „Deutsche Presse-Agentur" (dpa), „Associated Press" (AP) und den „Deutschen Forschungsdienst" (df). Aus seiner Feder stammen die Bücher „Deutschland in der Urzeit" (1986), „Deutschland in der Steinzeit" (1991) und „Deutschland in der Bronzezeit" (1996). Von 2001 bis 2006 betätigte sich Ernst Probst als Buchverleger sowie zeitweise als internationaler Fossilienhändler und Antiquitätenhändler. Insgesamt veröffentlichte er rund 200 Bücher, Taschenbücher, Broschüren und E-Books.

Bücher von Ernst Probst

(Auswahl)

Als Mainz noch nicht am Rhein lag

Annie Oakley
Die Meisterschützin des Wilden Westens

Archaeopteryx. Der Urvogel
aus Bayern

Christl-Marie Schultes. Die erste Fliegerin in Bayern
(zusammen mit Theo Lederer)

Cortés und Malinche. Der spanische Eroberer
und seine indianische Geliebte

Der Europäische Jaguar

Der Mosbacher Löwe
Die riesige Raubkatze aus Wiesbaden

Der Rhein-Elefant
Das Schreckenstier von Eppelsheim

Der Sögel-Wohlde-Kreis

Die nordische Bronzezeit in Deutschland

Die Hügelgräber-Kultur in Deutschland

Die ältere Bronzezeit in Nordrhein-Westfalen

Die Bronzezeit in der Lüneburger Heide

Die Stader Gruppe

Die Oldenburg-emsländische Gruppe

Die Urnenfelder-Kultur in Deutschland

Die ältere Niederrheinische Grabhügel-Kultur

Die Unstrut-Gruppe

Die Helmsdorfer Gruppe

Die Saalemündungs-Gruppe

Die Lausitzer Kultur in Deutschland

Rund 70 Kurzbiografien berühmter Fliegerinnen,
Ballonfahrerinnen, Luftschifferinnen,
Fallschirmspringerinnen, Astronautinnen und
Kosmonautinnen

Königinnen des Films

Königinnen des Tanzes

Königinnen des Theaters

Malende Superfrauen

Meine Worte sind wie die Sterne

Die Entstehung der Rede des Häuptlings Seattle
(zusammen mit **Sonja Probst**)

Monstern auf der Spur
Wie die Sagen über Drachen, Riesen
und Einhörner entstanden

Neues vom Ur-Rhein
Interview mit dem Geologen und Paläontologen
Dr. Jens Sommer

Österreich in der Frühbronzezeit

Österreich in der Mittelbronzezeit

Österreich in der Spätbronzezeit

Pompadour und Dubarry. Die Mätressen
von Louis XV.

Raub-Dinosaurier von A bis Z.
Mit Zeichnungen von Dmitry Bogdanav
und Nobu Tamura

Rekorde der Urmenschen
Erfindungen, Kunst und Religion

Rekorde der Urzeit
Landschaften, Pflanzen und Tiere

Säbelzahnkatzen. Von Machairodus
bis zu Smilodon

Säbelzahntiger am Ur-Rhein. Machairodus
und Paramachairodus

Superfrauen aus dem Wilden Westen

Superfrauen 1 – Geschichte

Superfrauen 2 – Religion

Superfrauen 3 – Politik

Superfrauen 4 – Wirtschaft und Verkehr

Superfrauen 5 – Wissenschaft

Superfrauen 6 – Medizin

Superfrauen 7 – Film und Theater

Superfrauen 8 – Literatur

Superfrauen 9 – Malerei und Fotografie

Superfrauen 10 – Musik und Tanz

Superfrauen 11 – Feminismus und Familie

Superfrauen 12 – Sport

Superfrauen 13 – Mode und Kosmetik

Superfrauen 14 – Medien und Astrologie

Tony und Bruno Werntgen. Zwei Leben für die Luftfahrt
(zusammen mit Paul Wirtz)

Was ist ein Menhir?
Interview mit dem Mainzer Archäologen
Dr. Detert Zylmann

Weisheiten der Indianer

Wer ist der kleinste Dinosaurier?
Interviews mit dem Wissenschaftsautor Ernst Probst

Wer war der Stammvater der Insekten?
Interview mit dem Stuttgarter Biologen
und Paläontologen Dr. Günther Bechly

Zenobia von Palmyra.
Eine Frau kämpft gegen die Römer

Bestellungen bei: http://www.grin.com